THÈSE

pour

LA LICENCE.

A mon Père et à ma Mère.

ACTE PUBLIC

POUR LA LICENCE,

En exécution de l'art. 4 ; tit. 2, de la loi du 22 Ventôse an XII,

SOUTENU

Par M. Doat (Auguste),

NÉ A TOULOUSE (HAUTE-GARONNE).

Jus Romanum.

INST. JUST. LIB. II, TIT. XII.

Quibus non est permissum facere testamentum.

Si quæramus an valeat testamentum, ut ait Gaïus (Inst. comm. 2, § 114), imprimis advertere debemus, an is qui id fecerit, habuerit testamenti factionem. Factio autem testamenti est jus ac potestas testamenti faciendi (1).

---

(1) Non eadem esse credere debemus hæc verba : *testamenti factionem habeo*, et illa : *testamenti factio mihi est cum alio* ; prima enim significant me testari posse, secunda verò me ex alieno testamento posse capere ; undè duplicem auctores solent distinguere testamenti factionem, *activam* et *passivam*. Tantummodò de activâ in hâc Thesi disseritur.

1840

I.

In hâc factione accuratè jus ab juris usu distinguere necesse est.

Jus habent omnes cives Romani bonorum domini.

Juris usum habent omnes ex civibus Romanis quibus à lege non ereptus est.

I. — Solis cùm civibus Romanis testamenti sit factio, servis non esse potest. Servus tamen populi Romani, ut videmus in fragmentis Ulpiani (tit. xx, § 16), partis dimidiæ testamenti faciendi jus habet.

Idem jus peregrinis recusatur; sed, si certæ civitatis cives sint, secundùm leges civitatis illius testari possunt (Ulp. fragm. tit. xx, § 14).

Ante Justiniani regnum, Latinus Junianus et is qui dedititiorum numero erat non testamentum facere poterant, ut scripsit Ulpianus in regulis suis (fragm. tit. xx, § 14). Sed illa prohibitio tempore Justiniani irrita erat, quoniam ille imperator omnem inter libertos distinctionem delens, Latinos Junianos et eos qui dedititiorum numero erant cives Romanos effecerat.

Cives autem qui alieno juri subjecti erant nihilò magìs testamenti condendi jus habebant, quoniam nullum illis dominium erat. Sed sensìm hoc jus eis fuit concessum, cùm eis datum fuit habere propria bona. Primò militibus in potestate parentium permissum fuit ex constitutionibus principum, quod in castris acquisiverant aut quod proficiscentibus ad militiam datum fuerat (Pauli Sent. tit. iv, § 3), in suo dominio servare; hoc peculium, castrense appellatum, testamento dari poterat. Posteà ad exemplum castrensis peculii, nonnulli imperatores, primò palatinis, deindè assessoribus, patronis, episcopis, novissimè quibuscumque munus publicum explentibus, concesserunt aliud peculium, quod quasi-castrense nominatum fuit; et de omnibus bonis quæ illud componebant testamentum facere illis licuit.

II. — Sunt inter cives Romanos qui hoc jure, etiamsi fruantur, uti non possunt, quia lex illis hanc potestatem sustulit. Testamenti enim factio, ut dicit Papinianus (ff 28, 1, 3), non privati, sed publici juris est.

Ita testamentum condere non possunt (Inst. Just. tit. xii, § 1, 2, 3):

Impubes, quia nullum ejus animi judicium est; .

Furiosus, quia mente caret; nec ad rem pertinet, si posteà compos mentis factus fuerit et decesserit; testamentum in furore conditum non valet. Si tamen per id tempus fecerit quo furor ejus intermissus est, jure testatus esse videtur.

Item prodigus, cui bonorum suorum administratio interdicta est, quia illa bona inconsideratè dilargiretur.

Item surdus et mutus ante Justinianum, quoniam ille verba familiæ emptoris exaudire, is verba nuncupationis pronuntiare non poterat. Utiquè de eo surdo qui omninò non exaudit et non de eo qui tardè exaudit, de eo muto qui eloqui nihil potest et non de eo qui tardè loquitur, veteres leges decidunt. Sed considerans sæpè litteratos et eruditos homines variis casibus et audiendi et loquendi facultatem amitterè, prætereà obsoletorum verborum auditionem et pronuntiationem nullius momenti ampliùs esse, Justinianus unâ ex suis constitutionibus decrevit, ut certis casibus et modis secundùm normam ejus possint testari.

Cæcus autem, dicit Paulus in Sententiis suis (lib. 3, tit. IV, § 4), testamentum potest facere, quia accire potest adhibitos testes et audire sibi testimonium perhibentes. Sed Justinus imperator, ut cæcum contra fraudes præmuniret, lege benignâ illius testamentum observationi propriæ subjecit (Inst. Just. *id.* § 4).

II.

Ut valeat factio testamenti, jus et juris usus simul apud testantem esse debent; uterque necessarius est; si deficit alteruter, nullum est à principio testamentum, et nihil unquàm valere poterit.

Sed factum post testamentum, discrimina magni ponderis apparent; parvi refert potestatem juris exercendi cessare, et nunquàm amplius ad personam ejus qui condidit testamentum redire; testatorem furiosum, prodigum, surdum et mutum fieri et adhuc esse mortis momento; jure suo usus est tempore opportuno; testamentum omninò valet.

Sic in Justiniani institutionibus videmus, testamentum ante furorem conditum non furore posteà interveniente perimi (tit. XII, § 1); testamentum quod prodigus antè fecit quàm interdictio suorum bonorum ei fiat, ratum esse (*id.* § 2); ratum quoque permanere testamentum illius qui adversâ valetudine aut quolibet alio casu mutus aut surdus posteà esse cœpit (*id.* § 3).

Sed de jure ipso aliter fit. Non solùm testator in eo momento, quo condidit testamentum, jus habere debet; quod enim ab initio vitiosum est tractu temporis non potest convalescere (ff 50, 17, 29); sed necesse est ut jus permaneat usque ad mortem; testamentum enim ad illud solum tempus factum est; si anteà, in antecessum conditum fuit; censetur testator solùm mortis momento esse testatus; tunc igitur debet non juris faciendi testamenti usum, sed jus ipsum habere.

Quinimò in primis temporibus, jus nullo momento cessare poterat à facto testamento usque ad testatoris mortem; si amissum erat in intervallo, parvi intererat ut posteà ante mortem restitutum fuerit; hoc solum inutile testamentum efficiebat.

Sed jus prætorum mitigationem his severis principiis attulit; prætores enim hæredi instituto bonorum possessionem concedebant, dummodò testator non jure duobus momentis confectionis testamenti et mortis orbatus fuisset.

Alia mitigatio severitati veterum principiorum allata fuit. Civis Romanus, qui hostibus in bellis captus fuerat, servus fiebatur, et testamenti condendi jus amittebat. Itaque quod apud hostes fecerat testamentum non valebat quamvis rediisset; quod verò in civitate ante bellum fecerat, quamvis nullum jure stricto, jure tamen postliminii si rediisset, et si illìc decessisset ex lege Corneliâ, valebat (Inst. Just. id. § 5). Postliminium civi Romano beneficium erat quo fingebatur eum qui captus erat semper in civitate fuisse; omnia jura civitatis in personam ejus in suspenso retinebantur, non abrumpebantur (ff 28, 5, 32); si igitur redibat, sua jura resumebat, perindè ac si nunquàm illa dereliquisset. Lex verò Cornelia testamentaria fingebat eum qui hostium potitus non reversus ad civitatem erat, decessisse cùm captus fuerat (ff 50, 16, 120).

Code Civil.

DES DONATIONS ENTRE VIFS ET DES TESTAMENTS
(Liv. 3, tit. 2, art. 893 à 930).

CHAPITRE I.

DISPOSITIONS GÉNÉRALES.

Le droit de propriété entraîne avec lui le droit de disposer de ses biens; on peut en disposer à titre onéreux ou à titre gratuit.

Nous n'avons à nous occuper ici que des dispositions à titre gratuit; le Code civil n'en reconnaît que deux espèces : la donation entre vifs et le testament (893).

Nous définirons la donation entre vifs, en modifiant un peu l'art. 894, un contrat par lequel le donateur se dépouille gratuitement, actuellement et irrévocablement d'une chose en faveur du donataire. Nous disons *un contrat* et non un acte, car la donation n'est parfaite que par le consentement des deux parties; *gratuitement,* car la donation est essentiellement une disposition à titre gratuit; cela n'empêche pas, du reste, qu'elle soit faite sous certaines charges, pourvu que ces charges ne puissent être considérées comme l'équivalent de ce qui constitue la donation; *actuellement,* car le dessaisissement de l'objet donné doit avoir lieu dès l'acceptation, et s'il y a terme ou condition, dès l'accomplissement du terme ou de la condition; *irrévocablement,* non en ce sens que la donation soit nécessairement irrévocable, mais en ce sens que le donateur ne peut se réserver le droit de révoquer à son gré la donation.

Quant à la définition du testament, nous conserverons celle du Code civil : le testament est un acte par lequel le testateur dispose, pour le temps où il n'existera plus, de tout ou partie de ses biens, et qu'il peut révoquer (895). Nous disons *un acte* et non pas un contrat, car le testament est parfait par la seule volonté du testateur; *pour le temps où il n'exis-*

tera plus, car, pendant la vie du testateur, le testament n'est qu'un projet qui n'a aucune espèce de valeur; *de tout ou partie de ses biens,* ainsi on n'est pas tenu, comme autrefois à Rome, de disposer de tous ses biens, en instituant héritier; *et qu'il peut révoquer,* car une seule volonté a concouru à la confection du testament.

D'après l'article 896, les substitutions sont prohibées. Notre Code civil ne désigne sous le nom de *substitution,* que la disposition par laquelle celui qui reçoit du testateur est chargé de conserver et de rendre à sa mort à un tiers ce qu'il a reçu; cette disposition était appelée, dans l'ancien Droit, *substitution fidéicommissaire.* La charge de conserver jusqu'à la mort et de rendre, à cette époque, à un tiers constitue le caractère distinctif de cette disposition; toute disposition, dans laquelle ne paraît pas ce caractère, n'est pas regardée par le Code comme une substitution, et est par conséquent permise. Ainsi la disposition par laquelle un tiers serait appelé à recueillir, le don, l'hérédité ou le legs, dans le cas où le donataire, l'héritier institué ou le légataire ne le recueillerait pas, disposition appelée dans l'ancien Droit *substitution vulgaire,* n'est pas regardée par le Code comme une substitution, et est valable (898); il n'y a pas là en effet charge de conserver et de rendre. Ainsi encore, la disposition, dans laquelle on chargerait une personne de recevoir un objet pour une autre personne, ne serait pas non plus une disposition prohibée; il n'y a pas là en effet charge de conserver; il n'y a que charge de rendre; c'est un simple fidéicommis, qui n'est pas prohibé par la loi. Il en serait de même de cette clause testamentaire, connue en Droit Romain sous le nom *de eo quod supererit,* par laquelle l'institué serait chargé de rendre au substitué ce qui à son décès resterait de la chose donnée; il n'y a pas là, en effet, charge de conserver pour l'institué. Il en est encore de même de la disposition par laquelle l'usufruit est donné à une personne et la nue propriété à une autre (899); il n'y a pas là non plus charge de conserver ni de rendre. Le Code contient deux exceptions à la prohibition des substitutions; la première relative aux majorats (896), qui ont été interdits pour l'avenir, par la loi du 12 mai 1835; la seconde relative aux dispositions permises aux père et mère, aux frères et sœurs, par les art. 1048 et suivants du Code civil (897), ainsi que par la loi du 17 mai 1826.

Dans toute disposition entre vifs ou testamentaire, les conditions impossibles, contraires aux lois et aux mœurs, sont réputées non écrites (900). On entend par *condition* l'arrivée d'un événement futur et incertain. La condition est *suspensive* ou *résolutoire*, suivant que cet événement fait naître ou résout le droit. Elle est *casuelle*, *potestative* ou *mixte*, suivant que son accomplissement dépend du hasard, de la volonté humaine, ou de l'un et de l'autre. Envisagée sous un autre rapport, elle est *possible* ou *impossible*, suivant qu'elle peut ou non s'accomplir. On distingue *l'impossibilité physique* de *l'impossibilité morale;* la première a lieu, quand les règles de la nature s'opposent à ce que la condition s'accomplisse; la seconde, quand ce sont les lois ou les mœurs qui s'y opposent. On voit que l'article 900 défend à la fois les conditions impossibles physiquement et moralement. A l'égard des premières, il faut remarquer que la loi regarde comme non écrites les conditions absolument impossibles, comme serait la condition de voler dans les airs, mais non celles qui ne seraient impossibles que relativement à celui en faveur de qui on dispose; telle serait la condition de faire un tableau imposée à qui ne sait pas peindre. A l'égard des conditions moralement impossibles, il est bon de remarquer qu'il y a des conditions à la fois contraires aux lois et aux mœurs, telles que celles de commettre un vol, de se marier avec une personne au degré prohibé, etc.; d'autres seulement contraires aux mœurs, comme celles de ne pas se marier, de changer ou de ne pas changer de religion, etc.; d'autres enfin, seulement contraires aux lois, telle serait la condition d'acheter un édifice hors du commerce, etc. Tandis que dans les dispositions à titre gratuit les conditions impossibles sont réputées non écrites, dans les dispositions à titre onéreux elles annulent les conventions qui en dépendent; cette différence tient à ce que l'on suppose que dans celles-ci la condition est la cause principale de l'obligation, et dans celles-là qu'elle n'est qu'accessoire.

CHAPITRE II.

DE LA CAPACITÉ DE DISPOSER OU DE RECEVOIR ENTRE VIFS OU PAR TESTAMENT.

Toutes personnes, dit l'art. 902, peuvent disposer et recevoir, soit par donation entre vifs, soit par testament, excepté celles que la loi en déclare incapables. La capacité est donc de droit commun, et les incapacités sont des exceptions qui doivent résulter d'un texte formel.

I. — *Des diverses espèces d'incapacités.*

Nous diviserons, avec la plupart des auteurs, les incapacités soit de disposer, soit de recevoir, en incapacités *absolues* et incapacités *relatives*. Il y aura incapacité absolue, quand on ne pourra donner à qui que ce soit ou recevoir de qui que ce soit ; il y aura incapacité relative, quand on ne pourra donner à certaines personnes ou recevoir de certaines personnes.

§ I. — Incapacités absolues de disposer.

D'après l'art. 901, sont absolument incapables de faire une donation entre vifs ou un testament ceux qui ne sont pas sains d'esprit, ce qui comprend non-seulement les personnes frappées d'interdiction pour démence, imbécillité ou fureur, mais encore celles qui se trouvent dans un état momentané d'ivresse ou de colère violente.

Le mineur âgé de moins de seize ans est, en général, incapable de disposer (903) ; cependant le mineur marié peut, par contrat de mariage, disposer en faveur de son conjoint, pourvu que ces donations soient faites avec l'assistance et le consentement de ceux dont le consentement est nécessaire pour la validité de son mariage (1095).

Quant au mineur parvenu à l'âge de seize ans, il est absolument incapable relativement aux donations entre vifs, sauf toujours le cas de mariage ; mais il lui est permis de disposer par testament de la moitié des biens dont il est permis au majeur de disposer (904).

La femme mariée est incapable de disposer par donation sans l'autorisation de son mari ou de la justice ; mais elle n'a pas besoin de cette autorisation pour disposer par testament (905).

Il est encore quelques incapacités absolues qui ne sont pas signalées dans ce chapitre ou dans le Code civil ; ce sont : celle du mort civilement (25, Cod. civ.), celle du failli (446, Cod. comm.), celle du condamné à une peine afflictive et infamante, entraînant une interdiction légale (29, Cod. pénal).

§ II. — Incapacités absolues de recevoir.

Sont incapables absolument de recevoir à titre gratuit :

Ceux qui ne sont pas conçus au moment de la donation ou du décès du testateur (906) ;

Le mort civilement, qui ne peut recevoir que pour cause d'aliments (25);

Le mineur, sans le ministère du tuteur et l'autorisation du conseil de famille (461 , 463);

La femme mariée sans le consentement du mari (217) ou l'autorisation de la justice (219);

Les hospices, les pauvres d'une commune, les établissements d'utilité publique, les corporations religieuses autorisées, sans l'autorisation du gouvernement (910).

§ III. — Incapacités relatives de donner et de recevoir.

Quant aux incapacités relatives, la même disposition nous donnera à la fois l'incapacité de disposer et celle de recevoir. Ainsi :

Le tuteur ne peut recevoir du mineur son pupille, quoique parvenu à l'âge de seize ans, même par testament; il ne peut pas recevoir de son pupille devenu majeur avant que le compte définitif de la tutelle ait été rendu et apuré; sont exceptés cependant de cette disposition les ascendants des mineurs qui sont ou ont été leurs tuteurs (907).

L'enfant naturel, quand ses père et mère laissent des parents au degré successible, ne peut rien recevoir au delà de ce qui lui est accordé à titre de succession par l'article 757 du Code civil (908). Quant à l'enfant adultérin ou incestuenx, il ne peut recevoir de ses père et mère que des aliments (762).

Les docteurs en médecine ou en chirurgie, les officiers de santé et les pharmaciens, qui auront traité une personne pendant la maladie dont elle meurt, ne pourront profiter des dispositions entre vifs ou testamentaires qu'elle aurait faites en leur faveur pendant le cours de cette maladie. Cette prohibition est soumise aux deux exceptions suivantes : 1° ils peuvent recevoir à titre rémunératoire des sommes d'argent ou des objets particuliers; ces dispositions doivent être proportionnées aux facultés du disposant et à l'importance des soins qu'ils lui ont donnés; en cas d'excès, elles seraient sujettes à réduction; 2° ils peuvent recevoir, même à titre universel, lorsqu'ils sont parents du disposant jusqu'au quatrième degré inclusivement, pourvu toutefois que celui-ci n'ait pas d'héritier en ligne directe, à moins qu'il ne soit du nombre de ces héritiers (909).

Les ministres du culte ; l'art 909 leur est applicable tant pour la règle que pour les exceptions, sans distinguer à quelle religion ils appartiennent.

De ce que nous avons dit que la même disposition donne à la fois l'incapacité relative de donner et celle de recevoir, il ne faut pas en conclure que les incapacités de donner et de recevoir sont réciproques. Ainsi, en prenant l'exemple de l'art. 907, nous avons voulu dire seulement que la même disposition nous offre à la fois une incapacité de recevoir pour le tuteur et une incapacité de donner pour le pupille, mais non que le tuteur, qui ne peut recevoir du mineur, ne peut disposer en sa faveur.

II. — Des interpositions de personnes.

Toute donation et tout testament faits directement au profit d'une personne frappée d'une incapacité absolue ou relative de recevoir sont nuls, ou, le cas échéant, réductibles à la quotité que le donataire ou le légataire pouvaient valablement recevoir. Quant aux dispositions faites à un incapable sous le voile d'un acte à titre onéreux, ou sous le nom d'une personne interposée, elles sont nulles pour le tout, lors même que le donataire ou le légataire eussent pu recevoir une certaine quotité de biens au moyen de donations ou de testaments faits ouvertement à leur profit ; du reste, la preuve de la fraude est à la charge de celui qui l'allègue. Il y a des personnes que la loi répute toujours interposées : ce sont les père et mère, les enfants et descendants, et le conjoint de l'incapable ; la preuve contraire n'est pas même admise. Par suite, ces personnes se trouvent indirectement frappées d'incapacité (911).

III. — Époques où la capacité doit exister.

Voyons maintenant à quelle époque doit exister la capacité, soit de donner, soit de recevoir.

Considérons d'abord ce qui regarde la donation. La capacité du donateur est requise au moment de la donation, et si l'acceptation a lieu par acte séparé, au moment de l'acceptation. Quant au donataire, il suffit qu'il ait la capacité de recevoir au moment de l'acceptation.

En ce qui touche le testament, on considère pour la capacité du testateur deux époques : celle de la confection du testament, et celle du décès du testateur ; à la première époque, il doit avoir la jouissance et de plus l'exercice des droits civils ; à la seconde, il suffit qu'il en ait la jouissance. Une incapacité qui serait survenue dans le temps intermédiaire, mais qui aurait cessé, serait sans effet. Quant à la capacité du légataire, elle est seulement requise au moment de l'ouverture du droit, par conséquent à la mort du testateur.

CHAPITRE III.

DE LA PORTION DE BIENS DISPONIBLE, ET DE LA RÉDUCTION.

La libre faculté que l'homme a de disposer de ses biens, devait être restreinte par cette obligation naturelle qui lui impose de laisser à ses descendants et à ses ascendants une partie de ces mêmes biens. Aussi le législateur a-t-il eu soin d'assurer une quote-part, appelée *réserve* ou *légitime*, à ces parents, qu'on désigne sous le nom d'*héritiers légitimaires* ou *héritiers à réserve*. Le propriétaire qui laisse en mourant des descendants ou ascendants, n'a donc la libre disposition que d'une partie de ses biens appelée *portion* ou *quotité disponible* ; quand il dépasse dans ses dispositions cette quotité, il y a lieu à *réduction*. S'il ne laisse ni descendants, ni ascendants, les libéralités peuvent épuiser la totalité des biens (916), car les frères et sœurs, quoique venant souvent, dans les successions légitimes, avant les ascendants, n'ont droit à aucune réserve, de même que tous les autres collatéraux.

SECTION I.

De la portion de biens disponible.

La loi s'occupe en première ligne des enfants et descendants, car ils viennent les premiers dans l'ordre des successions. En ne comptant les descendants, à quelque degré qu'ils soient, que pour l'enfant qu'ils représentent (914), la loi fixe la quotité disponible à la moitié des biens du disposant, s'il ne laisse à son décès qu'un enfant légitime ; au tiers, s'il laisse deux enfants ; au quart, s'il en laisse trois ou un plus grand nombre (913). Les enfants adoptifs et légitimés jouissent des mêmes droits que les enfants légitimes. Quant aux enfants naturels, malgré les termes formels de l'art. 913 , nous croyons qu'ils ont droit à une réserve ; toute la différence entre eux et les enfants légitimes consiste dans la quotité qui leur est attribuée ; la quotité de la réserve de l'enfant naturel sera le tiers, la moitié ou les trois quarts de la portion d'un enfant légitime, suivant qu'il viendra en concours avec des descendants, des ascendants et des frères ou sœurs, ou des collatéraux autres que des frères et sœurs.

La quotité disponible est de la moitié des biens du disposant, si, à défaut d'enfants, il laisse un ou plusieurs ascendants dans chacune des lignes paternelle ou maternelle ; elle est des trois quarts, s'il ne laisse d'ascendants que dans une ligne. Les biens ainsi réservés au profit des ascendants, seront par eux recueillis dans l'ordre où la loi les appelle à succéder (915) ; ainsi, par exemple, si le disposant ne laisse ni descendants, ni père ni mère, mais s'il laisse des frères et sœurs, ces frères et sœurs, quoique n'ayant pas droit à une réserve, excluront les ascendants, car l'ordre de succession appelle les frères et sœurs avant les ascendants autres que le père et la mère. Les ascendants auront seuls droit à cette réserve dans tous les cas où un partage en concurrence avec des collatéraux ne leur donnerait pas la quotité de biens à laquelle elle est fixée (915) ; c'est-à-dire que les collatéraux venant en concurrence avec les ascendants, peuvent être privés d'une partie et même de la totalité de leur droit à la succession, si les ascendants, par suite de cette concurrence, n'avaient pas tout ce qui forme leur réserve.

Si la disposition par acte entre vifs ou par testament est d'un usufruit ou d'une rente viagère, dont la valeur excède la quotité disponible, les héritiers, au profit desquels la loi fait une réserve, auront l'option ou d'exécuter cette disposition, ou de faire l'abandon de la propriété de la quotité disponible (917). Malgré la manière dont est rédigé cet article, nous croyons que l'héritier à réserve a aussi cette option quand la disposition n'excède pas la quotité disponible.

La valeur en pleine propriété des biens aliénés, soit à charge de rente viagère ou à fonds perdu, soit avec réserve d'usufruit, à l'un des successibles en ligne directe, sera imputée sur la portion disponible ; et l'excédant, s'il y en a, sera rapporté à la masse (918). Cette aliénation est en effet considérée comme une libéralité déguisée ; elle est donc censée faite avec dispense de rapport, à moins qu'il n'y ait excès sur la quotité disponible, auquel cas cet excédant est rapporté. Mais cette imputation et ce rapport ne pourront être demandés par ceux des autres successibles en ligne directe qui auraient consenti à ces aliénations, ni dans aucun cas par les successibles en ligne collatérale (918); à l'égard des premiers, parce que leur consentement prouve qu'il y a eu, non pas libéralité déguisée, mais vente réelle; à l'égard des seconds, parce qu'ils n'ont pas de réserve légale.

La quotité disponible pourra être donnée en tout ou en partie, soit par acte entre vifs, soit par testament, aux enfants et autres successibles du donateur, sans être sujette au rapport par le donataire ou le légataire venant à la succession, pourvu que la disposition ait été faite expressément à titre de préciput ou hors part. La déclaration que le don ou legs est fait à titre de préciput ou hors part, pourra être faite, soit par l'acte qui contiendra la disposition, soit postérieurement dans la forme des dispositions entre vifs ou testamentaires (919).

SECTION II.

De la réduction des donations et legs.

Les dispositions, qui excèdent la quotité disponible, sont réductibles à cette quotité, lors de l'ouverture de la succession (920); ce principe est une conséquence nécessaire de l'établissement d'une réserve.

L'intérêt étant la mesure des actions, le droit de demander la réduction des libéralités excessives n'a dû être accordé qu'aux héritiers à réserve, à leurs héritiers ou ayants cause (921).

La réduction se détermine en formant une masse de tous les biens existants au décès du donateur ou testateur. On y réunit fictivement ceux dont il a été disposé par donations entre vifs d'après leur état à l'époque des donations, et leur valeur au temps du décès du donateur, c'est-à-dire, en faisant abstraction des améliorations et dégradations provenant du fait des donataires, mais en prenant en considération l'augmentation ou la diminution que ces biens ont reçues par des circonstances purement fortuites. On calcule sur tous ces biens, après en avoir déduit les dettes, quelle est, eu égard à la qualité des héritiers qu'il laisse, la quotité dont il a pu disposer (922). Si cette quotité est dépassée, on procède à la réduction.

On commence par les dispositions testamentaires, et ce n'est qu'après les avoir épuisées qu'il y a lieu à réduire les donations entre vifs (923); car il ne devait pas être laissé à la volonté du donateur de modifier par des dispositions subséquentes les donations faites antérieurement d'une manière irrévocable. La réduction des dispositions testamentaires se fait au marc le franc, sans aucune distinction entre les legs universels et les legs particuliers (926); il existe cependant une exception en faveur du légataire dont le legs aurait été désigné spécialement par le testateur comme devant être acquitté de préférence aux autres; ce legs ne serait réduit qu'autant que la valeur des autres ne remplirait pas la réserve légale (927). Si les dispositions testamentaires ne suffisent pas pour parfaire cette réserve, on passe à la réduction des donations; cette réduction ne se fait pas au marc le franc; mais l'on commence par réduire la dernière donation, et successivement les autres, en remontant des plus récentes aux plus anciennes (923); car ce sont les dernières qui ont porté atteinte à la réserve. Cependant si plusieurs donations avaient été faites par le même acte, ou le même jour sans qu'il fût possible de prouver l'antériorité de l'une ou de l'autre, nous pensons qu'elles devraient être réduites au marc le franc, car il y a, dans ce cas, même raison de décider que pour les dispositions testamentaires. De cette manière d'opérer la réduction, il résulte clairement, que, si le testateur a excédé ou égalé la quotité disponible par les donations qu'il a faites, toutes les dispositions testamentaires sont caduques (925).

Quand les objets donnés se trouvent entre les mains du donataire, la réduction doit s'opérer en nature; le donataire peut donc être contraint de restituer, suivant les cas, tout ou partie des biens à lui donnés. Il existe une exception à cette règle; c'est lorsque la donation a été faite à l'un des successibles; cet héritier est autorisé à retenir sur les biens donnés la valeur de la portion qui lui appartiendrait, comme héritier, dans les biens non disponibles, s'ils sont de la même nature (924). Les immeubles, qui rentrent dans la masse par l'effet de la réduction, doivent y revenir affranchis des dettes ou hypothèques créées par le donataire (929). Si les objets donnés ne sont plus dans la possession du donataire, il est tenu, en cas de réduction, d'en payer la valeur; mais s'il est insolvable, les héritiers à réserve peuvent, après la discussion préalable de tous ses biens pour établir son insolvabilité, exercer une action en revendication contre les tiers-détenteurs des immeubles faisant partie de la donation, et aliénés par le donataire; cette action doit être exercée suivant l'ordre des dates des aliénations, en commençant par la plus récente (930). En cas de restitution des biens qu'il a reçus, le donataire est tenu de restituer les fruits de toute la portion qu'il restitue à la masse; ces fruits doivent être comptés à partir du décès du donateur, si la demande en réduction a été faite dans l'année, sinon du jour de la demande (928).

L'action en réduction se prescrit par trente ans à l'égard du donataire, et par dix et vingt ans à l'égard des tiers-détenteurs, le délai commençant à courir du jour de l'ouverture de la succession.

Droit Administratif.

COMPÉTENCE JUDICIAIRE EN CE QUI CONCERNE LE BORNAGE, LES DÉBATS SUR LE FOND DE LA PROPRIÉTÉ ET LES DROITS INCORPORELS IMMOBILIERS.

Parmi les attributions du pouvoir judiciaire se placent en première ligne les questions de propriété. Peu importe la qualité des plaideurs, peu importe la matière à laquelle se rattachent ces questions; par cela seul que la propriété en fait l'objet, la contestation doit être portée devant les tribunaux judiciaires, à moins que la loi, par un déclassement, n'ait attribué exceptionnellement quelques cas à l'autorité administrative.

Les trois matières que nous avons à traiter rentrent essentiellement dans les questions de propriété; aussi d'ores et déjà pouvons-nous dire qu'elles sont de la compétence judiciaire. Nous allons parcourir rapidement les diverses lois et les principales décisions de la jurisprudence qui ont été rendues sur ces matières, afin de confirmer la règle générale et de noter les exceptions.

I. — Bornage.

D'après l'article 646 du Code civil, tout propriétaire peut obliger son voisin au bornage de leurs propriétés contiguës. Dé là, l'action en bornage, action essentiellement judiciaire, qui, d'après l'article 6, 2° de la loi du 25 mai 1838, est de la compétence du juge de paix.

Que la contestation au sujet des limites de deux propriétés voisines s'élève entre deux simples propriétaires, que ce soit entre un propriétaire et un concessionnaire de mines ou de desséchements de marais, l'action n'en est pas moins judiciaire (art. 2, ordonnance du 2 juillet 1817, relative au *desséchement des marais de Donges*).

Il en est de même des contestations qui s'élèvent entre deux concessionnaires de mines sur les limites de leurs propriétés respectives. L'article 56 de la loi du 21 avril 1810 dit en effet : « A l'égard des contestations » qui auraient lieu entre des exploitants voisins, elles seront jugées par les » tribunaux et cours... »

La contestation qui s'élèverait sur la limitation de deux communes adjacentes, devrait aussi être portée devant les tribunaux judiciaires, car c'est encore là une question purement de propriété. Le Conseil d'État l'a ainsi décidé au sujet d'une contestation de cette nature qui avait été portée devant un Conseil de préfecture : « Considérant, portait cette décision, » que la contestation portée devant le Conseil de préfecture présente une » question de propriété qui ne peut être résolue que par les tribunaux... » (24 déc. 1810 ; *commune de Zevaco, contre commune de Frassato*) ; ce qui n'empêche pas que la fixation des territoires des communes ne soit de la compétence de l'administration active au premier chef.

De même, en matière de voirie, la fixation de la largeur et des limites des routes et chemins à construire appartient à l'autorité administrative (art. 7 de la loi du 21 mai 1836) ; mais les contestations qui s'élèvent au sujet de cette fixation doivent être portées devant l'autorité judiciaire (Serrigny, t. 2, n° 690).

En ce qui touche la délimitation des cours d'eau avec les propriétés riveraines, quelques auteurs, tels que MM. Proudhon, Foucart, etc., font rentrer dans la compétence des tribunaux judiciaires toutes les contestations qui peuvent s'élever sur ce sujet ; d'autres, comme MM. Daviel, Chauveau, etc., distinguent entre les cours d'eau non navigables ni flottables et les cours d'eau navigables et flottables, et rangent les contestations relatives aux premiers dans les attributions des tribunaux judiciaires, et les contestations au sujet des seconds dans celles des tribunaux administratifs.

Quand il faut recourir à un acte administratif pour décider sur une question de limites, les tribunaux judiciaires doivent renvoyer devant l'autorité administrative la question préjudicielle tendant à déterminer le sens et la portée de cet acte administratif, et ne rendre leur décision qu'après que cette détermination a été faite. C'est en ce sens qu'a été rendue, entre autres, la décision du Conseil d'État du 29 août 1821 (*Durand contre la commune de Vomecourt*), dans laquelle nous lisons ces mots : « Considérant que le Conseil de préfecture, au lieu de se fonder sur la contenance, aurait dû se borner à déclarer lesdites limites, et renvoyer, » pour les questions de bornage, les parties devant les tribunaux » ordinaires..... »

II. — Débats sur le fond de la propriété.

Comme l'action en bornage, l'action pétitoire, ou action qui concerne le fond de la propriété, est essentiellement de la compétence des tribunaux judiciaires.

Par un déclassement spécial, déclassement de la nature de ceux qui sont motivés sur des raisons politiques, les actions concernant le fond de la propriété des domaines nationaux ne sont pas de la compétence de ces tribunaux. Après avoir été successivement dévolu à diverses juridictions administratives, le jugement des contestations qui peuvent s'élever sur les ventes de ces sortes de biens a été définitivement attribué aux Conseils de préfecture, par la loi du 28 pluviôse an VIII, article 4.

Mais, à part cette exception, toutes les questions qui peuvent surgir sur le fond de la propriété doivent être portées devant les tribunaux judiciaires. Sans parcourir les cas si divers et si nombreux au sujet desquels la compétence de ces tribunaux a été contestée, nous nous contenterons de citer deux exemples, dans lesquels nous rétablirons les vrais principes par la législation et la jurisprudence.

Les actions concernant la propriété des biens de l'État, des communes, des établissements publics, etc., doivent être portées devant les tribunaux judiciaires. Le Code de procédure civile contient en effet, dans le livre II, qui traite de la compétence des tribunaux de 1re instance, des dispositions au sujet des contestations qui peuvent s'élever relativement à ces biens ; ainsi l'art. 49 les dispense du préliminaire de la conciliation, l'art. 69 indique le lieu où doit être faite l'assignation, quand l'Etat, les communes, les établissements publics, etc., sont défendeurs, l'art. 83 assujettit ces causes à la communication au ministère public, etc. Plusieurs décisions du Conseil d'état sont venues confirmer ce principe, et, pour n'en citer qu'une seule, nous trouvons ces paroles dans celle intervenue le 8 juillet 1807, au sujet de l'affaire *Desimple :* « Considérant que les questions de » propriété entre le Gouvernement et de simples particuliers appartien- » nent par le droit commun à la juridiction des tribunaux.... »

Les actions relatives à la propriété d'une mine sont aussi de la compétence judiciaire. L'art. 28 de la loi du 21 avril 1810 porte en effet : « Si » l'opposition à la concession d'une mine est motivée sur la propriété de » la mine, les parties seront renvoyées devant les tribunaux et cours. » Nous citerons, à l'appui de cette doctrine, une dés décisions rendues sur cette matière, celle qui intervint le 3 décembre 1823 (*héritiers Didier contre le Domaine*), et dans laquelle nous lisons : « Considérant qu'il est » reconnu par les héritiers Didier, que les tribunaux sont seuls compétents » pour prononcer sur l'abandon et l'aliénation de la mine.... »

Toutefois, comme en matière de bornage, il faut remarquer que si la décision sur ces diverses questions de propriété était subordonnée à l'interprétation d'un acte administratif, cette interprétation devrait être fournie au préalable par l'autorité administrative.

III. — Droits incorporels immobiliers.

Par voie de conséquence, les principes de compétence, que nous avons vu régir la propriété immobilière, doivent s'appliquer aux droits incorporels immobiliers.

Nous devons donc faire rentrer dans le domaine de la compétence judiciaire, entre autres droits de cette nature, les deux actions suivantes :

L'action en pétition d'hérédité, c'est-à-dire cette action qui tend à ce que le possesseur d'une succession ou d'une chose particulière dépendant d'une succession qu'il détient comme héritier, soit condamné à la délaisser, en tout ou en partie. Il n'y a pas le moindre doute à ce sujet, quand la succession est celle d'un individu quelconque, et que le possesseur est un simple particulier; mais l'action doit être portée devant les tribunaux judiciaires, même quand c'est l'Etat qui détient une succession par droit de déshérence ou de confiscation sur un émigré. C'est ce qui a été décidé par le Conseil d'Etat, notamment le 17 mai 1826 (*succession Schlabrendorf*); on lit dans l'arrêt: « Considérant que, d'un côté, la succession est réclamée par l'Etat pour cause de déshérence, et, d'un autre, elle » est réclamée par..., etc.; considérant que la demande de ce dernier a » pour objet une pétition d'hérédité, dont la connaissance appartient aux » tribunaux.... »

L'action qui serait intentée relativement à un droit de pêche qu'un particulier prétendrait avoir sur un cours d'eau. Ainsi l'a décidé la Cour d'appel de Rouen, le 30 mai 1836, (*de Praslin contre le préfet de l'Eure*); nous lisons dans cet arrêt: « Attendu que l'art. 4 de la loi du 15 avril » 1829, en ce qui concerne le droit de pêche des particuliers, dispose » nettement, que les contestations qui s'élèveraient entre l'administration » et les tiers intéressés, à raison de leurs droits et de leurs propriétés, » seront portées devant les tribunaux..... »

Droit Commercial.

LETTRE DE CHANGE; SON ORIGINE, SON BUT, SES FORMES.

L'époque où fut inventée la lettre de change, cette découverte qui fait tant d'honneur au génie commercial, est toujours demeurée incertaine malgré les investigations minutieuses des jurisconsultes.

Il est à peu près incontestable que les Grecs, les Carthaginois et les autres peuples commerçants de l'antiquité n'eurent jamais l'idée de ce moyen pour faciliter l'échange de leurs marchandises; aucun texte historique ne mentionne d'institution qui ait la moindre analogie avec la lettre de change. Les Romains auraient trop senti l'importance de cette découverte pour ne pas l'emprunter à ces peuples ; mais aucune des nombreuses lois qui composent le Droit des Romains n'offre la moindre disposition qui puisse faire soupçonner que la lettre de change ait été chez eux en usage. On peut donc affirmer, sans craindre de se tromper, qu'elle est d'invention moderne.

« L'invention de la lettre de change, dit Savary dans son *Parfait négociant* (liv. 3, chap. 3), nous est venue des juifs qui furent chassés de France, pendant les règnes de Dagobert Ier, Philippe-Auguste et Philippe-le-Long, ès années 641, 1181 et 1316 ; ils se réfugièrent en Lombardie, et pour retirer l'argent et autres effets qu'ils avaient laissés en France entre les mains de leurs amis, la nécessité leur apprit à se servir de lettres et billets, et pour cela ils employèrent le ministère des voyageurs, pèlerins et marchands étrangers qui se rendaient en France..... Les Italiens Lombards, ajoute le même auteur quelques lignes plus bas, trouvèrent cette invention fort bonne pour couvrir leurs usures, et les Gibelins, chassés d'Italie par la faction des Guelphes, s'étant retirés à Amsterdam, à l'exemple des Juifs, se servirent de ce moyen pour retirer les effets qu'ils avaient laissés en Italie. »

Cette opinion, qui a été adoptée, sur la foi de Savary, par la plupart des jurisconsultes qui ont écrit après lui, est trop légèrement formulée pour que nous puissions nous y ranger. Est-il d'ailleurs possible d'admettre que, sous la menace des lois sévères qui frappaient, à ces diverses époques, en même temps que les juifs, ceux qui étaient en relation avec eux, ils aient pu trouver des personnes qui aient voulu se charger, soit de leurs richesses, soit de leurs billets ? Voyons si les notions historiques qui nous sont parvenues sur les institutions commerciales du moyen âge ne nous aideront pas à découvrir une origine plus probable de la lettre de change.

Après l'invasion des Barbares, le commerce était complétement déchu de son ancienne grandeur ; les métaux précieux qu'on avait vu affluer si abondamment parmi les sociétés corrompues de l'empire Romain avaient disparu sans que l'on sût ce qu'ils étaient devenus ; l'argent monnayé, par conséquent fort rare, ne pouvait pas circuler d'un pays à un autre par suite de la prohibition des princes et de l'altération trop fréquente qu'ils lui faisaient subir ; enfin , les lois canoniques, interprétant dans toute sa rigueur le précepte de l'Evangile : *mutuum date , nihil indè sperantes,* avaient condamné le prêt à intérêt. Par suite de ces diverses causes, les développements du commerce renaissant après les grands cataclysmes de cette époque , furent très-lents dans le principe.

Peu à peu cependant les fortunes s'agrandirent ; et les capitalistes, ne voulant pas laisser dormir improductives leurs richesses, commencèrent par chercher, de concert avec les spéculateurs, un moyen d'éluder les lois canoniques; en partant du principe posé par ces lois , que si le prêt à intérêt est prohibé quand l'intérêt est retiré pour l'usage seul de l'argent, *pro usurâ pecuniæ ,* il ne l'est pas quand l'argent prêté est exposé à un danger, *propter periculi pretium,* ils imaginèrent de faire naître un danger vrai ou faux dans toutes les opérations qui comprenaient implicitement un prêt; et de même que, dans le prêt à la grosse aventure qui n'était pas prohibé, les capitalistes pouvaient retirer un intérêt assez considérable de leur argent, en raison même du danger auquel il était exposé dans les voyages maritimes de long cours, ils supposèrent des transports d'argent d'un endroit à un autre, transports qui faisaient naître le danger, et permettaient par conséquent de retirer un bénéfice de cet argent, *propter periculi pretium.* Ces transports étaient constatés par des *lettres* ou billets qui, après quelques modifications, donnèrent naissance aux lettres de change. Le Pape Grégoire IX, comprenant les ruses des négociants, les déjoua, en déclarant dans une bulle que le péril ne suffirait pas à l'avenir pour donner lieu au prêt à intérêt, et en condamnant tout gain fait d'une manière quelconque en vertu du prêt de l'argent. Mais les négociants, les Italiens surtout, ne se tinrent pas pour battus, et ils imaginèrent, pour ne pas interrompre leurs opérations avantageuses, une espèce de contrat qu'ils appelèrent contrat de *commande* et qui était formé par la combinaison de trois autres contrats particuliers; par un premier contrat, le capitaliste livrait ses fonds à un spéculateur, à la condition de prendre part dans les bénéfices ; par un second contrat, il vendait ses bénéfices éventuels pour une somme certaine; par un troisième, il assurait, moyennant une prime, le capital prêté. Toutes ces opérations n'aboutissaient en définitive qu'à un prêt d'argent à intérêt; mais par le moyen de trois contrats licites, les rusés négociants arrivaient à justifier indirectement l'intérêt déclaré illicite par le droit canon. Cette fois les praticiens l'emportèrent sur les théoriciens qui furent forcés de se soumettre. Dès lors les transports fictifs d'argent purent avoir lieu sans aucune difficulté, et les lettres de change commencèrent à prendre une assez grande extension.

Ce n'est pas tout; la prohibition que les princes avaient faite de transporter l'argent hors de leurs territoires, gênait beaucoup le commerce extérieur; et les efforts auxquels les négociants se livrèrent pour chercher à surmonter cette difficulté contribuèrent à donner du développement à la lettre de change. L'argent ne pouvant circuler, le commerce se faisait souvent par échanges de marchandises; mais il arrivait fréquemment qu'en livrant ses marchandises, le négociant n'était pas bien aise de prendre en retour les marchandises de celui à qui il les avait livrées; de là, de graves embarras pour le commerce; on parvint cependant à obvier à ces inconvénients par la création d'agents intermédiaires entre les négociants, agents qui devinrent par la suite nos banquiers d'aujourd'hui. Ainsi un négociant de Gênes voulait-il faire payer une certaine somme à un négociant de Lyon, comme l'exportation de l'argent était interdite, il s'adressait à un banquier de Gênes, lui donnait la somme, et le priait de faire payer cette somme au négociant de Lyon. Le banquier de Gênes écrivait à un banquier de Lyon, avec lequel il était en correspondance habituelle, une simple lettre par laquelle il le priait de payer au négociant de Lyon la somme reçue du négociant de Gênes. Cette simple lettre devint dans la suite la lettre de change. Voici du reste comment était en général formulée cette lettre :

Gênes , le 15 juillet 1340.

Dans trois mois de date , il vous plaira payer à M. Pierre.... . négociant à Lyon , la somme de dix mille francs que j'ai reçue comptant de M. Paul..., négociant à Gênes.

Signé JEAN... , banquier à Gênes.

A M. Jacques... , banquier à Lyon , rue... , n°...

On voit que dans cette lettre il paraissait quatre personnes différentes; nous verrons bientôt que, par suite d'une découverte postérieure, celle de la clause à l'ordre, il n'en figure plus que trois aujourd'hui.

Les moyens que les commerçants mirent en œuvre pour s'opposer à l'altération des monnaies , furent encore une des plus puissantes causes qui donnèrent l'essor à la lettre de change. Les princes, quand ils ne savaient plus comment payer les dettes dont ils étaient obérés, ne trouvaient rien de plus commode que de partager en deux l'écu de leur monnaie, et de donner à chaque moitié la valeur nominative du tout. Ils se fondaient pour cela sur un principe essentiellement faux, consigné dans une loi romaine, qui dit que l'écu métallique a plutôt la valeur fictive qu'on lui donne qu'une valeur propre et intrinsèque. Mais par là les princes seuls s'enrichissaient, et leurs peuples s'appauvrissaient. Pour se soustraire à cette tyrannique oppression, les commerçants imaginèrent la création des banques de dépôt. Quand un particulier possédait une certaine somme en argent, il allait la porter dans une de ces banques ; on lui donnait en retour un billet de dépôt ou de banque constatant la valeur intrinsèque de cette somme ; ce billet, ayant une valeur réelle, pouvait être mis en circulation ; il était accepté par tous comme une véritable monnaie ; bien plus, il était accueilli plus favorablement que la monnaie elle-même ; car il avait l'avantage de représenter toujours la même valeur, tandis que la monnaie altérée au gré du prince n'avait qu'une valeur fictive et incertaine. Par la suite, ces banques de dépôt devinrent, quand elles spéculèrent sur les sommes déposées, des banques de circulation. Telle fut l'origine du papier-monnaie, qui lui-même contribua à l'invention de la lettre de change, qui a tant de rapport avec lui.

Ainsi, en résumé, trois causes principales donnèrent naissance à la lettre de change : le besoin de masquer les intérêts usuraires condamnés par les lois canoniques, les moyens imaginés pour suppléer à l'exportation de l'argent défendue par les princes, et enfin la création des banques de dépôt destinées à contrebalancer l'altération des monnaies.

Quant à l'époque où la lettre de change peut avoir pris naissance, il est assez difficile de l'assigner. Nous pensons cependant, sans toutefois donner cette assertion comme certaine, que ce doit être vers le xiie siècle, car, avant le xiiie, on ne trouve pas le moindre document historique qui en fasse mention.

Après avoir ainsi cherché à découvrir la véritable origine de la lettre de change, essayons maintenant de déterminer son but.

Les auteurs qui ont écrit sur cette matière, se sont assez généralement accordés à considérer la lettre de change comme l'exécution d'un prétendu contrat de change, qui aurait consisté à faire payer en un certain lieu une somme livrée ou promise en un autre ; mais les développements historiques, que nous venons de tracer rapidement, montrent que, loin de servir à exécuter un contrat qui n'a dû jamais exister, elle a été bien plutôt destinée, dans les transformations successives qu'elle a subies comme dès sa naissance, à suppléer à l'insuffisance de l'écu métallique.

Assimilerons-nous, avec Pothier, la lettre de change au mandat ? La comparerons-nous, avec Jousse, à la cession ? La considérerons-nous, avec Locré, tantôt comme un mandat, et tantôt comme une cession ? Tout en reconnaissant avec ces auteurs qu'elle a quelque chose de commun, soit avec le mandat, soit avec la cession, nous pensons cependant qu'elle n'est ni l'un ni l'autre ; que ni les règles du mandat, ni celles de la cession ne peuvent lui être complétement appliquées ; que c'est un élément simple, primitif, *sui generis*, qui a par conséquent ses règles spéciales.

On peut définir la lettre de change : un acte en forme de lettre missive par laquelle un individu mande à son correspondant de payer, en un lieu autre que celui où la traite est tirée, une certaine somme d'argent en échange d'une autre somme ou valeur reçue dans un autre lieu.

Il est bon de remarquer que cette définition est plutôt théorique que pratique, car, quoique conforme à la loi, elle répond rarement aux usages commerciaux, comme nous allons nous en convaincre en entrant dans l'examen des formes imposées par le Code de commerce à la lettre de change.

Mais avant de parcourir ces dispositions, nous donnerons un exemple de lettre de change ; ce type nous servira pour l'application de toutes les prescriptions de la loi. Supposons que Paul..., négociant de Toulouse, doive une somme à Pierre..., négociant de Lyon ; pour lui faire passer cette somme, il va s'adresser à Jean..., banquier à Toulouse, qui est en correspondance avec Jacques..., banquier à Lyon ; Jean... lui fait une lettre de change dans laquelle le nom de Pierre ne paraîtra plus comme dans la lettre du moyen âge ; Paul... la fera passer à celui-ci, soit par la voie de la négociation, soit par un envoi direct. Voici la forme de cette lettre de change :

Toulouse, le 15 juillet 1849.   B. P. F. 10,000.

A trois mois de date , payez à M. Paul... ou à son ordre la somme de dix mille francs , valeur reçue comptant dudit.

Signé JEAN... , banquier à Toulouse.

A M. Jacques..., banquier à Lyon , rue... , n°...

D'après l'art. 110 du Code de commerce , la lettre de change doit :

1° Être tirée d'un lieu sur un autre.

Le législateur , se conformant aux idées erronées des jurisconsultes qui regardent la lettre de change comme le mode d'exécution du contrat de change, a conservé comme nécessaire cette remise de place en place, qui pouvait avoir quelque utilité quand il fallait déguiser le prélèvement de l'intérêt, mais qui aujourd'hui n'a plus aucune portée ; car chaque jour des lettres de change sont tirées d'une ville sur la même ville, au moyen d'une supposition de lieux. Il est si facile par cette fraude, justifiée par l'usage général des négociants, d'éluder la disposition de la loi, que nous regarderons comme inutile l'examen de ces deux questions, qui avaient cependant une assez grande importance au moyen âge : 1° La lettre de change doit-elle être tirée d'une place de commerce sur une autre place de commerce ? 2° quelle est la distance qui doit exister entre le lieu de la traite et le lieu du payement?

2° Être datée.

Pourquoi la lettre de change doit-elle être datée? L'origine de la date lui est venue de l'habitude où l'on était dans le principe de dater la lettre de change quand elle n'était qu'une lettre ordinaire. Au point de vue étroit de ceux qui admettent la nécessité de la remise de place en place, la date sert à constater cette remise; elle sert encore dans le cas où l'on veut savoir si celui qui l'a émise avait la capacité de le faire; elle peut aussi être utile dans certains cas pour déterminer le jour de l'échéance, comme, par exemple, quand la lettre de change porte : à trois mois de date, au 30 courant, etc. — Malgré l'utilité de la date, plus apparente que réelle à la vérité, car on peut facilement mettre une date fausse, nous croyons cependant qu'elle n'est pas prescrite à peine de nullité. — La lettre de change fait foi de sa date, c'est un principe assez généralement admis, qui est cependant en contradiction avec le principe de l'article 1328 du Code civil, qui porte que les actes sous seing privé n'ont de date certaine, contre les tiers, que du jour où ils ont été enregistrés, du jour de la mort du souscripteur, ou du jour où leur substance est relatée dans un acte authentique. Ce dernier principe n'a pas été appliqué dans toute sa rigueur aux lettres de change, à cause des embarras que porterait dans le commerce la nécessité de l'enregistrement, et aussi à cause de la différence qui existe entre les actes sous seing privé en général, et la lettre de change qui, tout en étant le signe d'un engagement, est en même temps le signe représentatif d'une valeur, une espèce de papier monnaie.

3° Enoncer la somme à payer.

Le commerçant a toute latitude pour la création de son papier; il peut énoncer sa valeur en monnaie du pays ou en monnaie étrangère. — Dans la pratique, la somme est énoncée une fois en chiffres et une fois en toutes lettres. En cas de différence entre les deux sommes énoncées sur la même lettre de change, quelle est celle qui est valable? quoique en général les énonciations en toutes lettres présentent plus de confiance que les énonciations en chiffres à cause de la difficulté de les altérer, nous pensons cependant qu'en cette matière il faut s'en rapporter plutôt aux circonstances, et rechercher les intentions du tireur, mais, dans le doute, accorder gain de cause au débiteur. — Peut-on ajouter à la somme énoncée les intérêts à courir jusqu'au jour de l'échéance? M. Heiner, qui a examiné avec soin cette question, la résout négativement, en se fondant sur ce que, comme l'écu, la lettre de change doit avoir une valeur fixe et déterminée; nous ne saurions adopter cette opinion, qui est contraire à l'usage général, bien puissant en matière commerciale; ne pourrait-on pas dire d'ailleurs que le principe de l'invariabilité de la valeur est sauvé par cette considération que le taux de l'intérêt est fixé par la loi, et que par conséquent il y a uniformité dans la variation de la lettre de change?

4° Enoncer le nom de celui qui doit la payer.

Car il faut que celui qui possédera la lettre de change au jour de l'échéance sache chez qui il devra se présenter pour en recevoir le payement. — La même personne peut-elle jouer à la fois les rôles de tireur et de tiré? La plupart des auteurs prohibaient autrefois cette forme de lettre de change; partant de l'assimilation erronée de la lettre de change à un mandat ou à une cession, ils ne pouvaient admettre que l'on pût se donner un mandat à soi-même, que l'on pût se faire une cession à soi-même. En présence de l'usage général, les auteurs modernes, qui n'ont pas abandonné cette manière de considérer la lettre de change, ont été cependant forcés de se ranger à l'opinion commune des négociants. Dans ce cas, la lettre de change prend plus spécialement le nom de billet à domicile. Elle revêt aussi une forme un peu différente de la forme ordinaire. Supposons que Jean..... de Toulouse se trouve à Paris, et ait besoin d'argent; il emprunte à Paul..... de Paris une somme de 10,000 francs; et trouvant plus commode de rembourser cette somme à Toulouse qu'à Paris, il lui fait un billet à domicile ainsi conçu :

Paris, le...   B. P. F. 10,000.

A trois mois de date, je payerai à M. Paul..... ou à son ordre la somme de dix mille francs, valeur reçue comptant.

Signé JEAN..

A mon domicile, à Toulouse, rue... , n°...

5° Indiquer l'époque et le lieu du payement.

On ne peut exiger le payement d'une lettre de change qu'à une époque fixe et à un lieu déterminé; il faut donc que ce lieu et cette époque soient indiqués sur la lettre de change.

6° Indiquer la valeur fournie en espèces, en marchandises, en compte ou de toute autre manière.

Cette exigence est chaque jour éludée par les commerçants; il arrive très-souvent, en effet, qu'une lettre de change est tirée sans qu'on en ait reçu préalablement la valeur; pour satisfaire à l'injonction de la loi, les commerçants émettent une cause fausse ou une cause vague qui ne signifie rien, telle est l'expression *valeur en compte* qui est très-fréquemment employée dans la pratique. — Cette formalité fut imposée à la lettre de change à l'époque où fut inventée la clause à l'ordre, mais si la clause à l'ordre était un progrès, la nécessité d'indiquer la valeur fournie était au contraire un retour en arrière. — Il est du reste admis par la jurisprudence que la preuve de la fausseté de la cause ne peut être fournie contre le tiers porteur de bonne foi, et que l'accepteur de la lettre de change ne peut en argumenter.

7° Être à l'ordre d'un tiers ou du tireur lui-même.

L'invention de la clause à l'ordre, de beaucoup postérieure à la découverte de la lettre de change, contribua, à cause de la facilité qu'elle ajouta à la circulation de ce papier, à lui donner une plus grande extension et une importance plus considérable. Nous avons déjà vu qu'elle introduisit une modification dans la contexture de la lettre de change, puisque au lieu de quatre personnes, il n'en parut plus dès lors que trois. — Quand la lettre de change est à l'ordre d'un tiers, elle se formule suivant l'exemple donné en commençant. Quand elle est à l'ordre du tireur lui-même, elle prend la forme suivante :

Toulouse, le...   B. P. F. 10,000.

A trois mois de date, payez à mon ordre la somme de dix mille francs, valeur en moi-même que passerez

Signé JEAN...

A M. Jacques, etc.

Pour obéir à la nécessité d'exprimer une cause, les négociants ont encore été ici obligés de recourir à une expression sans signification aucune ; les mots : *valeur en moi-même*, n'ont en effet aucun sens ; comment pourrait-on se compter une somme à soi-même ? — A partir de quel moment la lettre à l'ordre du tireur lui-même acquiert-elle une valeur ? Ce n'est pas à partir du moment où elle a été faite, car le tireur peut la détruire sans que personne ait à en souffrir. Ce sera donc après l'acceptation, et dans le cas où il n'y aura pas d'acceptation, après la première négociation. Si cette première négociation a lieu dans l'endroit même où la traite doit être payée, les Cours d'appel décident généralement que la lettre de change dégénère en une simple promesse, en se fondant sur ce qu'elle manque d'une condition essentielle, la remise de place en place ; mais les Tribunaux de commerce qui voient de plus près les opérations commerciales, savent le peu d'importance qu'on attache à cette condition, et conservent toute sa valeur à la lettre de change ; nous ne pouvons qu'adopter cette dernière opinion.

8° Exprimer si elle est par première, deuxième, troisième, etc.

Sans entrer dans des détails qui nous entraîneraient hors de notre sujet, nous dirons seulement que, dans certains cas, on émet plusieurs exemplaires d'une même lettre de change ; tantôt c'est pour ne pas retarder la circulation d'une traite envoyée à l'acceptation ; M. Heiner appelle ces exemplaires, exemplaires de *commodité ;* tantôt c'est pour éviter les risques d'un voyage long ou dangereux; M. Heiner appelle ceux-ci exemplaires de *sûreté*. Pour les premiers la formule est ainsi modifiée :

A trois mois de date, payez par cette première de change, la deuxième étant chez Antoine..., à Paris, rue..., n°..., à l'acceptation, la somme de, etc.

Antoine est ici un tiers qui tient en dépôt et à la disposition des parties intéressées, l'exemplaire revêtu de l'acceptation. Pour les seconds, elle l'est de la manière suivante :

A trois mois de date, payez par cette première de change, la deuxième demeurant non payée, la somme de, etc.

L'art. 111 dispose que la lettre de change peut quelquefois être tirée par ordre et pour le compte d'un tiers. Dans ce cas la lettre de change prend une forme qu'il est bon de signaler. Supposons qu'un négociant de Toulouse, qui ne paraîtra que par son initiale L., après avoir chargé Pierre.... de Lyon, de lui acheter des marchandises, lui dise de tirer, pour avoir son payement, une lettre de change, pour son compte, sur Jacques.... de Marseille, chez lequel L. a un crédit ouvert. Pierre.... de Lyon formulera ainsi sa lettre de change :

Lyon, le...   B. P. F. 10,000.

A trois mois de date, il vous plaira payer à l'ordre de M. X. la somme de dix mille francs, valeur reçue comptant, que passerez au compte de L.

Signé : PIERRE.... de Lyon.

A M. Jacques...., à Marseille, rue...., n°....

On peut modifier la formule, en effaçant ces mots : *que passerez au compte de L.*, et en ajoutant à la signature ceux-ci : *agissant pour le compte de L.* Ces formes de lettres de change sont en général mises en usage, quand un négociant ne veut pas compromettre sa signature en la mettant trop souvent en dehors; son correspondant seul se met en rapport avec les tiers, et est soumis à leurs actions, bien qu'au fond l'opération soit pour le compte du premier.

Nous avons ainsi parcouru les diverses formes de la lettre de change. Sont-elles prescrites à peine de nullité? Existe-t-il une sanction de ces dispositions dans le Code de commerce? L'art. 112 a bien été rédigé pour présenter cette sanction ; mais il suffit de le lire attentivement, pour se convaincre qu'il n'a aucune portée. Il dispose que toute supposition de nom, de qualité, de domicile, de lieux d'où la lettre de change est tirée ou dans lequel elle doit être payée, la fait dégénérer en simple promesse. En examinant les divers cas qui peuvent se présenter, on voit facilement que tantôt elle a toute sa valeur, et tantôt elle n'en a aucune ; mais que jamais on ne voit la lettre de change devenir une simple promesse.

Cette thèse sera soutenue en séance publique, le 1ᵉʳ août 1849, dans une des salles de la Faculté.

Vu et approuvé par le Président de la Thèse.

LAURENS.

TOULOUSE, IMPRIMERIE DE JEAN-MATTHIEU DOULADOURE.

www.ingramcontent.com/pod-product-compliance
Ingram Content Group UK Ltd.
Pitfield, Milton Keynes, MK11 3LW, UK
UKHW022223070726
13613UKWH00004B/1853